Kalender 2020

Name

Adresse

Telefonnummer / E-Mail

Notfallkontakt

2020

Januar
Mo		6	13	20	27
Di		7	14	21	28
Mi	1	8	15	22	29
Do	2	9	16	23	30
Fr	3	10	17	24	31
Sa	4	11	18	25	
So	5	12	19	26	
Wo	1	2	3	4	5

Februar
Mo		3	10	17	24
Di		4	11	18	25
Mi		5	12	19	26
Do		6	13	20	27
Fr		7	14	21	28
Sa	1	8	15	22	29
So	2	9	16	23	
Wo	5	6	7	8	9

März
Mo		2	9	16	23	30
Di		3	10	17	24	31
Mi		4	11	18	25	
Do		5	12	19	26	
Fr		6	13	20	27	
Sa		7	14	21	28	
So	1	8	15	22	29	
Wo	9	10	11	12	13	14

April
Mo		6	13	20	27
Di		7	14	21	28
Mi	1	8	15	22	29
Do	2	9	16	23	30
Fr	3	10	17	24	
Sa	4	11	18	25	
So	5	12	19	26	
Wo	14	15	16	17	18

Mai
Mo		4	11	18	25
Di		5	12	19	26
Mi		6	13	20	27
Do		7	14	21	28
Fr	1	8	15	22	29
Sa	2	9	16	23	30
So	3	10	17	24	31
Wo	18	19	20	21	22

Juni
Mo	1	8	15	22	29
Di	2	9	16	23	30
Mi	3	10	17	24	
Do	4	11	18	25	
Fr	5	12	19	26	
Sa	6	13	20	27	
So	7	14	21	28	
Wo	23	24	25	26	27

Juli
Mo		6	13	20	27
Di		7	14	21	28
Mi	1	8	15	22	29
Do	2	9	16	23	30
Fr	3	10	17	24	31
Sa	4	11	18	25	
So	5	12	19	26	
Wo	27	28	29	30	31

August
Mo		3	10	17	24	31
Di		4	11	18	25	
Mi		5	12	19	26	
Do		6	13	20	27	
Fr		7	14	21	28	
Sa	1	8	15	22	29	
So	2	9	16	23	30	
Wo	31	32	33	34	35	36

September
Mo		7	14	21	28
Di	1	8	15	22	29
Mi	2	9	16	23	30
Do	3	10	17	24	
Fr	4	11	18	25	
Sa	5	12	19	26	
So	6	13	20	27	
Wo	36	37	38	39	40

Oktober
Mo		5	12	19	26
Di		6	13	20	27
Mi		7	14	21	28
Do	1	8	15	22	29
Fr	2	9	16	23	30
Sa	3	10	17	24	31
So	4	11	18	25	
Wo	40	41	42	43	44

November
Mo		2	9	16	23	30
Di		3	10	17	24	
Mi		4	11	18	25	
Do		5	12	19	26	
Fr		6	13	20	27	
Sa		7	14	21	28	
So	1	8	15	22	29	
Wo	44	45	46	47	48	49

Dezember
Mo		7	14	21	28
Di	1	8	15	22	29
Mi	2	9	16	23	30
Do	3	10	17	24	31
Fr	4	11	18	25	
Sa	5	12	19	26	
So	6	13	20	27	
Wo	49	50	51	52	53

2021

Januar
Mo		4	11	18	25
Di		5	12	19	26
Mi		6	13	20	27
Do		7	14	21	28
Fr	1	8	15	22	29
Sa	2	9	16	23	30
So	3	10	17	24	31
Wo	53	1	2	3	4

Februar
Mo	1	8	15	22
Di	2	9	16	23
Mi	3	10	17	24
Do	4	11	18	25
Fr	5	12	19	26
Sa	6	13	20	27
So	7	14	21	28
Wo	5	6	7	8

März
Mo	1	8	15	22	29
Di	2	9	16	23	30
Mi	3	10	17	24	31
Do	4	11	18	25	
Fr	5	12	19	26	
Sa	6	13	20	27	
So	7	14	21	28	
Wo	9	10	11	12	13

April
Mo		5	12	19	26
Di		6	13	20	27
Mi		7	14	21	28
Do	1	8	15	22	29
Fr	2	9	16	23	30
Sa	3	10	17	24	
So	4	11	18	25	
Wo	13	14	15	16	17

Mai
Mo		3	10	17	24	31
Di		4	11	18	25
Mi		5	12	19	26
Do		6	13	20	27
Fr		7	14	21	28
Sa	1	8	15	22	29
So	2	9	16	23	30
Wo	17	18	19	20	21	22

Juni
Mo		7	14	21	28
Di	1	8	15	22	29
Mi	2	9	16	23	30
Do	3	10	17	24	
Fr	4	11	18	25	
Sa	5	12	19	26	
So	6	13	20	27	
Wo	22	23	24	25	26

Juli
Mo		5	12	19	26
Di		6	13	20	27
Mi		7	14	21	28
Do	1	8	15	22	29
Fr	2	9	16	23	30
Sa	3	10	17	24	31
So	4	11	18	25	
Wo	26	27	28	29	30

August
Mo		2	9	16	23	30
Di		3	10	17	24	31
Mi		4	11	18	25
Do		5	12	19	26
Fr		6	13	20	27
Sa		7	14	21	28
So	1	8	15	22	29
Wo	31	32	33	34	35

September
Mo		6	13	20	27
Di		7	14	21	28
Mi	1	8	15	22	29
Do	2	9	16	23	30
Fr	3	10	17	24	
Sa	4	11	18	25	
So	5	12	19	26	
Wo	35	36	37	38	39

Oktober
Mo		4	11	18	25
Di		5	12	19	26
Mi		6	13	20	27
Do		7	14	21	28
Fr	1	8	15	22	29
Sa	2	9	16	23	30
So	3	10	17	24	31
Wo	39	40	41	42	43

November
Mo	1	8	15	22	29
Di	2	9	16	23	30
Mi	3	10	17	24	
Do	4	11	18	25	
Fr	5	12	19	26	
Sa	6	13	20	27	
So	7	14	21	28	
Wo	44	45	46	47	48

Dezember
Mo		6	13	20	27
Di		7	14	21	28
Mi	1	8	15	22	29
Do	2	9	16	23	30
Fr	3	10	17	24	31
Sa	4	11	18	25	
So	5	12	19	26	
Wo	48	49	50	51	52

Januar 2020

Mo	Di	Mi	Do	Fr	Sa	So
30	31	1	2	3	4	5
6	7	8	9	10	11	12
13	14	15	16	17	18	19
20	21	22	23	24	25	26
27	28	29	30	31	1	2

Februar 2020

Mo	Di	Mi	Do	Fr	Sa	So
27	28	29	30	31	1	2
3	4	5	6	7	8	9
10	11	12	13	14	15	16
17	18	19	20	21	22	23
24	25	26	27	28	29	1

März 2020

Mo	Di	Mi	Do	Fr	Sa	So
24	25	26	27	28	29	1
2	3	4	5	6	7	8
9	10	11	12	13	14	15
16	17	18	19	20	21	22
23	24	25	26	27	28	29
30	31	1	2	3	4	5

April 2020

Mo	Di	Mi	Do	Fr	Sa	So
30	31	1	2	3	4	5
6	7	8	9	10	11	12
13	14	15	16	17	18	19
20	21	22	23	24	25	26
27	28	29	30	1	2	3

Mai 2020

Mo	Di	Mi	Do	Fr	Sa	So
27	28	29	30	1	2	3
4	5	6	7	8	9	10
11	12	13	14	15	16	17
18	19	20	21	22	23	24
25	26	27	28	29	30	31

Juni 2020

Mo	Di	Mi	Do	Fr	Sa	So
1	2	3	4	5	6	7
8	9	10	11	12	13	14
15	16	17	18	19	20	21
22	23	24	25	26	27	28
29	30	1	2	3	4	5

Juli 2020

Mo	Di	Mi	Do	Fr	Sa	So
29	30	1	2	3	4	5
6	7	8	9	10	11	12
13	14	15	16	17	18	19
20	21	22	23	24	25	26
27	28	29	30	31	1	2

August 2020

Mo	Di	Mi	Do	Fr	Sa	So
27	28	29	30	31	1	2
3	4	5	6	7	8	9
10	11	12	13	14	15	16
17	18	19	20	21	22	23
24	25	26	27	28	29	30
31	1	2	3	4	5	6

September 2020

Mo	Di	Mi	Do	Fr	Sa	So
31	1	2	3	4	5	6
7	8	9	10	11	12	13
14	15	16	17	18	19	20
21	22	23	24	25	26	27
28	29	30	1	2	3	4

Oktober 2020

Mo	Di	Mi	Do	Fr	Sa	So
28	29	30	1	2	3	4
5	6	7	8	9	10	11
12	13	14	15	16	17	18
19	20	21	22	23	24	25
26	27	28	29	30	31	1

November 2020

Mo	Di	Mi	Do	Fr	Sa	So
26	27	28	29	30	31	1
2	3	4	5	6	7	8
9	10	11	12	13	14	15
16	17	18	19	20	21	22
23	24	25	26	27	28	29
30	1	2	3	4	5	6

Dezember 2020

Mo	Di	Mi	Do	Fr	Sa	So
30	1	2	3	4	5	6
7	8	9	10	11	12	13
14	15	16	17	18	19	20
21	22	23	24	25	26	27
28	29	30	31	1	2	3

Woche 1

Dezember / Januar

30 Montag

31 Dienstag

Silvester

1 Mittwoch

Neujahr

2 Donnerstag

3 Freitag

4 Samstag

5 Sonntag

Woche 2

Januar

6 Montag

Heilige drei Könige*

7 Dienstag

8 Mittwoch

*Feiertag nicht in allen Bundesländern

9 Donnerstag

10 Freitag

11 Samstag

12 Sonntag

Woche 3

Januar

13 Montag

14 Dienstag

15 Mittwoch

16 Donnerstag

17 Freitag

18 Samstag

19 Sonntag

Woche 4

Januar

20 Montag

21 Dienstag

22 Mittwoch

23 Donnerstag

24 Freitag

25 Samstag

26 Sonntag

Woche 5

Januar / Februar

27 Montag

28 Dienstag

29 Mittwoch

30 Donnerstag

31 Freitag

1 Samstag

2 Sonntag

Woche 6

Februar

3 Montag

4 Dienstag

5 Mittwoch

6 Donnerstag

7 Freitag

8 Samstag

9 Sonntag

Woche 7

Februar

10 Montag

11 Dienstag

12 Mittwoch

13 Donnerstag

14 Freitag

Valentinstag

15 Samstag

16 Sonntag

Woche 8

Februar

17 Montag

18 Dienstag

19 Mittwoch

20 Donnerstag

Weiberfastnacht

21 Freitag

22 Samstag

Fastnachtssamstag

23 Sonntag

Fastnachtssonntag

Woche 9

Februar / März

24 Montag
Rosenmontag

25 Dienstag
Fastnacht

26 Mittwoch
Aschermittwoch

27 Donnerstag

28 Freitag

29 Samstag

1 Sonntag

Woche 10

März

2 Montag

3 Dienstag

4 Mittwoch

5 Donnerstag

6 Freitag

7 Samstag

8 Sonntag
Int. Frauentag*

*Feiertag nicht in allen Bundesländern

Woche 11

März

9 Montag

---

10 Dienstag

---

11 Mittwoch

12 Donnerstag

13 Freitag

14 Samstag

15 Sonntag

Woche 12

März

16 Montag

17 Dienstag

18 Mittwoch

19 Donnerstag

20 Freitag

Frühlingsanfang

21 Samstag

22 Sonntag

Woche 13

März

23 Montag

24 Dienstag

25 Mittwoch

26 Donnerstag

27 Freitag

28 Samstag

29 Sonntag
Beginn der Sommerzeit

Woche 14

März / April

30 Montag

31 Dienstag

1 Mittwoch

2 Donnerstag

3 Freitag

4 Samstag

5 Sonntag
Palmsonntag

Woche 15

April

6 Montag

7 Dienstag

8 Mittwoch

9 Donnerstag

Gründonnerstag

10 Freitag

Karfreitag

11 Samstag

12 Sonntag

Ostersonntag

Woche 16

April

13 Montag

Ostermontag

14 Dienstag

15 Mittwoch

16 Donnerstag

17 Freitag

18 Samstag

19 Sonntag

Woche 17

April

20 Montag

21 Dienstag

22 Mittwoch

23 Donnerstag

24 Freitag

25 Samstag

26 Sonntag

Woche 18

April / Mai

27 Montag

28 Dienstag

29 Mittwoch

30 Donnerstag

1 Freitag
Tag der Arbeit

2 Samstag

3 Sonntag

Woche 19

Mai

4 Montag

_____
_____
_____
_____
_____
_____

5 Dienstag

_____
_____
_____
_____
_____
_____

6 Mittwoch

_____
_____
_____
_____
_____
_____

7 Donnerstag

8 Freitag

Tag der Befreiung*

9 Samstag

10 Sonntag

Muttertag

*Feiertag nicht in allen Bundesländern

Woche 20

Mai

11 Montag

12 Dienstag

13 Mittwoch

14 Donnerstag

15 Freitag

16 Samstag

17 Sonntag

Woche 21

Mai

18 Montag

19 Dienstag

20 Mittwoch

21 Donnerstag

Christi Himmelfahrt

22 Freitag

23 Samstag

24 Sonntag

Woche 22

Mai

25 Montag

26 Dienstag

27 Mittwoch

28 Donnerstag

29 Freitag

30 Samstag

31 Sonntag
Pfingstsonntag

Woche 23

Juni

1 Montag

Pfingstmontag

2 Dienstag

3 Mittwoch

4 Donnerstag

5 Freitag

6 Samstag

7 Sonntag

Woche 24

Juni

8 Montag

9 Dienstag

10 Mittwoch

11 Donnerstag

Fronleichnam*

12 Freitag

13 Samstag

14 Sonntag

*Feiertag nicht in allen Bundesländern

Woche 25

Juni

15 Montag

16 Dienstag

17 Mittwoch

18 Donnerstag

19 Freitag

20 Samstag

21 Sonntag
Sommeranfang

Woche 26

Juni

22 Montag

---

23 Dienstag

---

24 Mittwoch

---

25 Donnerstag

26 Freitag

27 Samstag
Siebenschläfer

28 Sonntag

Woche 27

Juni / Juli

29 Montag

30 Dienstag

1 Mittwoch

2 Donnerstag

3 Freitag

4 Samstag

5 Sonntag

Woche 28

Juli

6 Montag

7 Dienstag

8 Mittwoch

9 Donnerstag

10 Freitag

11 Samstag

12 Sonntag

Woche 29

Juli

13 Montag

14 Dienstag

15 Mittwoch

16 Donnerstag

17 Freitag

18 Samstag

19 Sonntag

Woche 30

Juli

20 Montag

21 Dienstag

22 Mittwoch

23 Donnerstag

24 Freitag

25 Samstag

26 Sonntag

Woche 31

Juli / August

27 Montag

28 Dienstag

29 Mittwoch

30 Donnerstag

31 Freitag

1 Samstag

2 Sonntag

Woche 32

August

3 Montag

4 Dienstag

5 Mittwoch

6 Donnerstag

7 Freitag

8 Samstag

9 Sonntag

Woche 33

August

10 Montag

11 Dienstag

12 Mittwoch

13 Donnerstag

14 Freitag

15 Samstag
Mariä Himmelfahrt*

16 Sonntag

*Feiertag nicht in allen Bundesländern

Woche 34

August

17 Montag

18 Dienstag

19 Mittwoch

20 Donnerstag

21 Freitag

22 Samstag

23 Sonntag

Woche 35

August

24 Montag

25 Dienstag

26 Mittwoch

27 Donnerstag

28 Freitag

29 Samstag

30 Sonntag

Woche 36

August / September

31 Montag

1 Dienstag

2 Mittwoch

3 Donnerstag

4 Freitag

5 Samstag

6 Sonntag

Woche 37

September

7 Montag

8 Dienstag

9 Mittwoch

10 Donnerstag

11 Freitag

12 Samstag

13 Sonntag

Woche 38

September

14 Montag

15 Dienstag

16 Mittwoch

17 Donnerstag

18 Freitag

19 Samstag

20 Sonntag
Weltkindertag*

*Feiertag nicht in allen Bundesländern

Woche 39

September

21 Montag

Herbstanfang

22 Dienstag

23 Mittwoch

24 Donnerstag

25 Freitag

26 Samstag

27 Sonntag

Woche 40

September / Oktober

28 Montag

29 Dienstag

30 Mittwoch

1 Donnerstag

2 Freitag

3 Samstag
Tag der dt. Einheit

4 Sonntag

Woche 41

Oktober

5 Montag

_____
_____
_____
_____
_____
_____

6 Dienstag

_____
_____
_____
_____
_____
_____

7 Mittwoch

_____
_____
_____
_____
_____
_____

8 Donnerstag

9 Freitag

10 Samstag

11 Sonntag

Woche 42

Oktober

12 Montag

13 Dienstag

14 Mittwoch

15 Donnerstag

16 Freitag

17 Samstag

18 Sonntag

Woche 43

Oktober

19 Montag

---

20 Dienstag

---

21 Mittwoch

---

22 Donnerstag

23 Freitag

24 Samstag

25 Sonntag
Ende der Sommerzeit

Woche 44

Oktober / November

26 Montag

27 Dienstag

28 Mittwoch

29 Donnerstag

30 Freitag

31 Samstag
Reformationstag*

1 Sonntag
Allerheiligen*

*Feiertag nicht in allen Bundesländern

Woche 45

November

2 Montag

3 Dienstag

4 Mittwoch

5 Donnerstag

6 Freitag

7 Samstag

8 Sonntag

Woche 46

November

9 Montag

10 Dienstag

11 Mittwoch

12 Donnerstag

13 Freitag

14 Samstag

15 Sonntag
Volkstrauertag

Woche 47

November

16 Montag

17 Dienstag

18 Mittwoch

Buß- und Bettag*

*Feiertag nicht in allen Bundesländern

19 Donnerstag

20 Freitag

21 Samstag

22 Sonntag
Totensonntag

Woche 48

November

23 Montag

24 Dienstag

25 Mittwoch

26 Donnerstag

27 Freitag

28 Samstag

29 Sonntag
1. Advent

Woche 49

November / Dezember

30 Montag

1 Dienstag

2 Mittwoch

3 Donnerstag

4 Freitag

5 Samstag

6 Sonntag
2. Advent / Nikolaustag

Woche 50

Dezember

7 Montag

8 Dienstag

9 Mittwoch

10 Donnerstag

11 Freitag

12 Samstag

13 Sonntag
3. Advent

Woche 51

Dezember

14 Montag

15 Dienstag

16 Mittwoch

17 Donnerstag

18 Freitag

19 Samstag

20 Sonntag
4. Advent

Woche 52

Dezember

21 Montag

22 Dienstag

23 Mittwoch

24 Donnerstag
Heiligabend

25 Freitag
1. Weihnachtsfeiertag

26 Samstag
2. Weihnachtsfeiertag

27 Sonntag

Woche 53

Dezember / Januar

28 Montag

29 Dienstag

30 Mittwoch

31 Donnerstag

Silvester

1 Freitag

Neujahr

2 Samstag

3 Sonntag

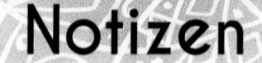

Notizen

Notizen

Notizen

Notizen

Notizen

Notizen

Notizen

Notizen

Notizen

Notizen

Notizen

Notizen

Notizen

Kalender Publishing
Benzhauser Straße 23
79108 Freiburg im Breisgau

© 2019

Das Werk, einschließlich seiner Teile, ist urheberrechtlich geschützt. Jede Verwertung außerhalb der engen Grenzen des Urheberrechtsgesetzes ist ohne Zustimmung des Verlags und des Autors unzulässig. Dies gilt insbesondere für elektronische oder sonstige Vervielfältigung, Übersetzungen, Verbreitung und öffentliche Zugänglichmachung.

Bei Fragen oder Anregungen: stiftundfeder@icloud.com

www.ingramcontent.com/pod-product-compliance
Lightning Source LLC
Chambersburg PA
CBHW070643220526
45466CB00001B/278